Trading Armonico

Madelyn Price

Página de Derechos de Autor

Titular de los Derechos de Autor: © 2024, Andrea Jimenez
Año: 2024
Autor: © 2024, Madelyn Price

Datos Legales y de Derechos de Autor

Primera edición
Todos los Derechos Están Reservados

Indice

Introducción al Trading Armónico

El trading es una actividad que muchas personas asocian con gráficos, números y movimientos rápidos del mercado. Sin embargo, lo que pocas personas saben es que, más allá de los análisis técnicos y fundamentales, existe una dimensión mucho más profunda en el mundo del trading: la conexión espiritual con el mercado. En este libro, vamos a explorar una forma distinta de ver el trading, una forma que busca alinearse con las fuerzas invisibles que guían los movimientos del mercado, pero que también están profundamente ligadas a nuestra mente, nuestras emociones y nuestro espíritu. Este enfoque lo llamaremos "Trading Armónico".

El Trading Armónico se basa en la idea de que el mercado no es solo una serie de transacciones frías y mecánicas. El mercado es un ente vivo, en constante cambio y movimiento, y como tal, requiere que nos acerquemos a él con una mente clara, un corazón tranquilo y una conexión profunda con nuestro ser interior. No se trata solo de seguir patrones o tendencias; se trata de entrar en sintonía con el flujo natural del mercado. Esto puede sonar un poco abstracto, pero es una realidad que muchos traders experimentan después de años de operar. Es como si, después de mucha práctica y paciencia, pudieras "sentir" el mercado, anticipando movimientos no solo con datos, sino con una intuición bien afinada.

Pero para llegar a ese punto, necesitamos algo más que conocimientos técnicos. Necesitamos entrenar nuestra mente y nuestro espíritu. En el mundo moderno, el trading se ha convertido en una actividad de alta intensidad. Los mercados se mueven a una velocidad vertiginosa, y las emociones como el miedo, la avaricia y la ansiedad pueden dominar fácilmente a cualquier trader, llevándolo a tomar decisiones precipitadas que terminan en pérdidas. Aquí es donde el enfoque armónico entra en juego. A través de este método, aprenderemos a calmar nuestra mente, a gestionar nuestras emociones y a prepararnos para enfrentar las sesiones de trading con una calma inquebrantable, sin importar lo que esté sucediendo en el mercado.

Una de las bases del Trading Armónico es el entendimiento de que, al igual que en la naturaleza, todo en el mercado sigue un ciclo.

Hay momentos de alza y momentos de baja, tal como las mareas suben y bajan. Aprender a aceptar estos ciclos, en lugar de resistirlos, es fundamental para operar con éxito. No podemos controlar el mercado, pero podemos controlar nuestra respuesta a él. Y para hacer esto, necesitamos estar en paz con nosotros mismos. Solo cuando nuestra mente está tranquila y enfocada, podemos ver con claridad las oportunidades que se nos presentan.

Este libro te guiará a través de prácticas y conceptos que van más allá de las típicas estrategias de trading. Exploraremos la importancia de la meditación, la visualización y el autocontrol emocional. Veremos cómo estas herramientas no solo nos ayudan a mejorar nuestras habilidades como traders, sino también a crecer como personas. Porque, al final del día, el trading no es solo un juego de dinero; es un viaje personal. Cada operación que realizamos nos ofrece la oportunidad de aprender algo nuevo sobre nosotros mismos: nuestras fortalezas, nuestras debilidades, y sobre todo, nuestra capacidad para mantener la calma en medio del caos.

Conectar de forma armónica con el mercado no significa que nunca más tendrás pérdidas. El trading es inherentemente arriesgado y las pérdidas son parte del proceso. Sin embargo, lo que cambia con este enfoque es nuestra perspectiva. En lugar de ver una pérdida como un fracaso, podemos verla como una lección. En lugar de desesperarnos cuando el mercado se mueve en nuestra contra, podemos mantener la serenidad sabiendo que todo es parte de un ciclo mayor, y que nuevas oportunidades surgirán si mantenemos la mente abierta y la paciencia.

El objetivo de este libro es ayudarte a desarrollar una relación más saludable y equilibrada con el trading. Te enseñaremos a operar desde un lugar de tranquilidad y claridad mental, en lugar de ser arrastrado por el pánico o la euforia. No necesitas ser un gurú del mercado para tener éxito; solo necesitas estar en paz contigo mismo. Y cuando logras eso, operar en el mercado se convierte en una experiencia completamente diferente, casi como una danza en la que te mueves al ritmo del mercado, en lugar de luchar contra él.

El Trading Armónico no es solo una técnica, es una filosofía. Es una forma de ver el mercado y a ti mismo como parte de un todo mayor. Es entender que tu éxito en el trading está directamente relacionado con tu capacidad para mantener la calma, la concentración y la armonía interior. A lo largo de este libro, descubrirás cómo puedes aplicar estos principios en tus operaciones diarias, y cómo, al hacerlo, no solo mejorarás tus resultados, sino también tu calidad de vida en general.

Este es un viaje de autoconocimiento y crecimiento personal tanto como lo es de mejorar tus habilidades como trader. Espero que, al final de este libro, no solo tengas más éxito en tus operaciones, sino que también encuentres una mayor paz interior, una conexión más profunda contigo mismo y con el mercado. Porque cuando operamos desde un lugar de armonía, los resultados no son solo mejores, sino también más satisfactorios.

El Flujo Natural del Mercado

El mercado financiero, en muchas maneras, se comporta como una forma de vida. Al igual que un río, fluye constantemente, a veces con aguas tranquilas y otras con corrientes fuertes y rápidas. Si intentamos luchar contra esa corriente, nos agotamos rápidamente y, en la mayoría de los casos, perdemos la batalla. Sin embargo, si aprendemos a navegar con el flujo del río, podemos llegar mucho más lejos con menos esfuerzo. Esta idea de fluir con el mercado es clave para cualquier trader que busque tener éxito a largo plazo, y es la esencia del "flujo natural del mercado".

El mercado tiene sus propios ritmos y ciclos, muy parecidos a los ciclos de la naturaleza. Así como hay estaciones del año, en el mercado también hay momentos de expansión y contracción, de crecimiento y declive. Estos ciclos no siempre son predecibles con exactitud, pero si observamos con detenimiento, podemos notar patrones repetidos. Un buen trader es como un observador de la naturaleza, paciente y atento, que sabe cuándo es el momento adecuado para actuar. Entender y aceptar que el mercado sigue su propio curso, y no el nuestro, es uno de los mayores aprendizajes que podemos tener.

Uno de los mayores errores que cometen los traders, especialmente los novatos, es tratar de imponer su voluntad sobre el mercado. Este enfoque rara vez funciona. Intentar forzar una operación o ignorar las señales que el mercado nos está dando solo lleva a pérdidas y frustración. Es como intentar nadar río arriba; por más que lo intentes, la corriente es mucho más fuerte que tú. Por eso es importante aprender a leer el mercado con una mente abierta y flexible. Cuando tratamos de imponer nuestra voluntad, nos volvemos rígidos, y el mercado, que es dinámico y cambiante, no responde bien a esa rigidez.

Pero, ¿cómo podemos aprender a fluir con el mercado? Lo primero es desarrollar la capacidad de observar sin reaccionar de inmediato. Muchas veces, cuando vemos una oportunidad o un movimiento repentino en los precios, nuestra primera reacción es apresurarnos a actuar. Sin embargo, el trading armónico nos enseña que la paciencia es una virtud clave. En lugar de reaccionar al primer cambio que vemos, debemos tomarnos un momento para respirar, observar y sentir lo que está sucediendo. Al igual que un surfista espera la ola adecuada para montar, nosotros también debemos esperar el momento ideal para entrar al mercado.

Otra cosa importante es reconocer que, al igual que el clima, el mercado tiene "estaciones". Hay momentos de alta volatilidad, donde los precios suben y bajan rápidamente, y hay momentos de calma, donde los movimientos son más lentos y predecibles. Ambas fases son parte natural del flujo del mercado, y no podemos esperar que siempre esté en una u otra. Un buen trader aprende a adaptarse a estas diferentes fases, ajustando su estrategia y su enfoque según el ambiente del mercado en ese momento. Al igual que no usaríamos la misma ropa en invierno que en verano, tampoco debemos operar de la misma manera en diferentes condiciones del mercado.

Un aspecto clave para fluir con el mercado es también aprender a aceptar lo inesperado. En la naturaleza, no todo es predecible. Puede haber tormentas repentinas, cambios en el clima o eventos inesperados. Lo mismo sucede en el mercado. A veces, todo parece indicar que los precios seguirán subiendo, pero de repente hay una caída inesperada. Si nos aferramos demasiado a nuestras expectativas o a nuestras predicciones, podemos quedar atrapados en esa sorpresa y cometer errores por miedo o frustración. Sin embargo, si adoptamos una mentalidad más fluida, entendemos que estos eventos son parte del ciclo natural del mercado y no debemos temerlos, sino adaptarnos a ellos.

Fluir con el mercado no significa que debemos ser pasivos. No se trata de simplemente aceptar todo lo que sucede sin tomar acción. Al contrario, se trata de actuar en el momento adecuado, con la mente clara y sin forzar las cosas. Cuando un río fluye con fuerza, un buen navegante no trata de detenerse, sino que utiliza esa energía a su favor para avanzar. Del mismo modo, como traders, debemos aprender a usar los movimientos del mercado, tanto los alcistas como los bajistas, a nuestro favor. Esto requiere práctica, pero sobre todo requiere una mente que esté en sintonía con lo que el mercado nos está diciendo.

Una de las mejores formas de desarrollar esta capacidad de fluir con el mercado es a través de la práctica del mindfulness, o la atención plena. Al mantenernos presentes en cada momento y en cada operación, podemos observar con mayor claridad lo que está sucediendo, sin dejarnos arrastrar por nuestras emociones o impulsos. En lugar de reaccionar ante cada pequeña fluctuación, aprendemos a tomar decisiones desde un lugar de calma y enfoque. Esto no solo mejora nuestra precisión como traders, sino que también nos ayuda a mantenernos emocionalmente equilibrados, evitando el agotamiento y el estrés que muchas veces acompaña al trading.

En resumen, el flujo natural del mercado es algo que todos los traders deben aprender a respetar. El mercado tiene su propio ritmo, sus propios ciclos, y nuestra tarea no es controlarlo, sino aprender a movernos con él. Cuando dejamos de luchar contra el mercado y empezamos a fluir con él, el trading se vuelve menos estresante y más efectivo. Nos convertimos en observadores pacientes, esperando el momento adecuado para actuar, y cuando lo hacemos, lo hacemos desde un lugar de armonía y claridad. Este es el verdadero objetivo del trading armónico: aprender a operar en sintonía con el mercado, sin forzar, sin luchar, simplemente fluyendo.

La Paz Interior

La paz interior es uno de los aspectos más importantes para cualquier trader que desee tener éxito de manera consistente. Aunque muchas personas piensan que el trading es solo cuestión de números, gráficos y estrategias, en realidad, la base de todo buen trader está en su estado mental y emocional. Sin paz interior, es fácil dejarse llevar por el estrés, la ansiedad y las emociones intensas que surgen cuando estamos frente al mercado. Por eso, desarrollar una mente calmada y en equilibrio es fundamental, no solo para tomar mejores decisiones, sino también para mantener una relación sana y sostenible con el trading a lo largo del tiempo.

Cuando hablamos de paz interior, no estamos refiriéndonos a la ausencia total de problemas o desafíos. En el trading, siempre habrá incertidumbre, riesgos y momentos difíciles. Lo que buscamos es aprender a mantenernos tranquilos y centrados en medio de esos desafíos. Imagina un lago en un día de tormenta. En la superficie, el agua puede estar agitada, con olas y movimientos violentos, pero si nos sumergimos más profundo, todo está en calma. Lo mismo sucede con nuestra mente. Aunque en la superficie nuestras emociones puedan estar agitadas por la volatilidad del mercado, en lo profundo, podemos encontrar un lugar de calma y estabilidad. Y es desde ese lugar que queremos operar.

La paz interior no es algo que simplemente sucede de un día para otro. Es un estado que se cultiva a través de la práctica diaria. Una de las maneras más efectivas de lograrlo es mediante la meditación. La meditación nos enseña a observar nuestros pensamientos y emociones sin reaccionar de inmediato a ellos. En el contexto del trading, esto es extremadamente valioso. Cuando estamos frente a la pantalla viendo cómo los precios suben y bajan, es natural sentir una oleada de emociones, desde la euforia hasta el miedo. Sin embargo, un trader que ha cultivado la paz interior a través de la meditación es capaz de observar esos sentimientos sin dejarse arrastrar por ellos. En lugar de tomar decisiones apresuradas o impulsivas, puede actuar desde un lugar de calma y claridad.

Pero no solo la meditación nos ayuda a desarrollar paz interior. También es importante el autocuidado en general. Muchos traders se obsesionan tanto con el mercado que olvidan cuidar su cuerpo y su mente. Pasan horas y horas frente a la pantalla, descuidando el descanso, la alimentación y el ejercicio físico. Esto, con el tiempo, puede llevar al agotamiento y al estrés crónico, lo que afecta negativamente tanto el desempeño en el trading como la calidad de vida en general. Por eso, es fundamental que los traders aprendan a desconectar del mercado cuando es necesario, a tomarse un descanso y a dedicar tiempo a actividades que los relajen y les recarguen las energías.

Otra clave para desarrollar la paz interior es aprender a aceptar la incertidumbre. El mercado, por su naturaleza, es impredecible. Por más análisis que hagamos, nunca podemos estar 100% seguros de lo que va a suceder. Esto puede generar una gran cantidad de estrés, especialmente si sentimos la necesidad de controlar el resultado de cada operación. Sin embargo, un trader que ha cultivado la paz interior entiende que la incertidumbre es parte del proceso y la acepta como tal. No se aferra a una expectativa fija sobre lo que debe suceder en el mercado. En lugar de resistirse a la incertidumbre, fluye con ella, sabiendo que, si mantiene la calma y toma decisiones bien pensadas, los resultados a largo plazo serán positivos.

La paz interior también tiene que ver con cómo manejamos nuestras pérdidas. En el trading, las pérdidas son inevitables. No importa qué tan bueno seas, siempre habrá operaciones que no salgan como esperabas. La diferencia entre un trader exitoso y uno que fracasa a menudo está en la forma en que manejan esas pérdidas. Un trader sin paz interior puede caer en la desesperación o el pánico cuando enfrenta una pérdida, y esto lo lleva a tomar malas decisiones en el futuro, intentando recuperar el dinero perdido de manera impulsiva. En cambio, un trader que ha desarrollado paz interior es capaz de aceptar la pérdida con serenidad. No se toma la pérdida como un fracaso personal, sino como parte del aprendizaje y del ciclo natural del mercado.

Desarrollar paz interior también nos ayuda a evitar la trampa de la avaricia. Es muy fácil, especialmente después de una serie de operaciones exitosas, caer en la tentación de arriesgar más de lo necesario o de buscar ganancias rápidas y grandes. Sin embargo, la avaricia suele llevar a decisiones imprudentes que terminan en grandes pérdidas. La paz interior nos mantiene enfocados en el proceso, en lugar de en el resultado inmediato. Nos ayuda a recordar que el trading es una carrera de fondo, no una carrera de velocidad, y que la clave para el éxito a largo plazo es la paciencia y la disciplina, no el deseo de obtener ganancias rápidas.

Una herramienta muy útil para mantener la paz interior durante las sesiones de trading es la respiración consciente. A lo largo del día, y especialmente durante las sesiones de alta intensidad, es importante tomarse unos minutos para respirar profundamente y reconectar con el presente. Cuando estamos nerviosos o estresados, nuestra respiración se vuelve rápida y superficial, lo que solo alimenta nuestro estado de ansiedad. Al detenernos y practicar una respiración profunda y lenta, podemos calmar nuestro sistema nervioso, reducir el estrés y volver a un estado de mayor claridad mental. Esto puede marcar una gran diferencia en cómo abordamos nuestras operaciones y cómo reaccionamos ante los movimientos del mercado.

En resumen, la paz interior es un componente esencial para cualquier trader que busque tener éxito y disfrutar del proceso. No solo nos ayuda a tomar mejores decisiones y a evitar errores impulsivos, sino que también nos permite disfrutar del trading sin ser consumidos por el estrés o la frustración. Cultivar la paz interior es un viaje personal que requiere tiempo y dedicación, pero los beneficios, tanto en el ámbito profesional como en el personal, son inmensos. Cuando operamos desde un lugar de calma y equilibrio, no solo mejoramos nuestros resultados, sino que también encontramos un mayor sentido de satisfacción y bienestar en todo lo que hacemos.

Sincronización con los Ciclos del Mercado

El mercado, al igual que la naturaleza, tiene ciclos. Así como en la naturaleza experimentamos las estaciones del año, con sus propios ritmos de crecimiento y descanso, el mercado también tiene momentos de expansión y contracción, de actividad y quietud. Entender estos ciclos es esencial para cualquier trader que quiera tener éxito de manera consistente, pero más importante aún es aprender a sincronizarnos con ellos. Cuando hablamos de "sincronización con los ciclos del mercado", estamos hablando de aprender a operar en armonía con esos ritmos, en lugar de tratar de luchar contra ellos.

La sincronización con los ciclos del mercado significa que, en lugar de forzar nuestras operaciones en cualquier momento, esperamos los momentos adecuados para actuar. No siempre es el mejor momento para entrar en una operación, así como no siempre es el mejor momento para sembrar en la naturaleza. Hay periodos en los que el mercado está moviéndose con fuerza, mostrando tendencias claras, y hay otros momentos en los que parece estar en pausa, sin dirección aparente. Aprender a reconocer cuándo el mercado está en un ciclo favorable y cuándo es mejor esperar es una de las habilidades más importantes que puede desarrollar un trader.

Uno de los errores más comunes que cometen los traders, especialmente los que están comenzando, es pensar que siempre deben estar en el mercado. Creen que para tener éxito deben estar constantemente operando, buscando cada pequeña oportunidad. Sin embargo, este enfoque suele llevar a errores y pérdidas innecesarias. La realidad es que el mercado no siempre está ofreciendo buenas oportunidades. A veces, la mejor decisión que podemos tomar es no hacer nada y esperar a que el ciclo cambie. Forzar una operación en un momento en que el mercado está en un ciclo desfavorable es como plantar semillas en invierno, cuando el suelo está congelado. No importa cuánto esfuerzo pongamos, los resultados no serán los esperados.

Para sincronizarnos con los ciclos del mercado, lo primero que debemos hacer es observar con atención. Al igual que un granjero necesita observar el clima y el suelo antes de plantar, un trader debe estar en constante observación del mercado antes de actuar. Esto no significa estar pegado a la pantalla todo el día, sino aprender a interpretar las señales que el mercado nos da. Los indicadores técnicos, las tendencias de precios y el volumen de operaciones son algunas de las señales que nos pueden ayudar a entender en qué ciclo se encuentra el mercado. Sin embargo, además de estas señales externas, es fundamental desarrollar una sensibilidad interna, una especie de intuición que nos permita sentir el ritmo del mercado.

Esa intuición no es algo místico ni mágico. Es el resultado de la experiencia y la práctica, de estar constantemente expuestos al mercado y observar cómo se comporta en diferentes situaciones. Con el tiempo, empezamos a notar patrones y ciclos que se repiten. Empezamos a darnos cuenta de cuándo el mercado está en un ciclo alcista, en el que los precios tienden a subir de manera constante, y cuándo está en un ciclo bajista, en el que los precios tienden a caer. También podemos identificar ciclos de consolidación, donde el mercado se mueve de manera lateral, sin una dirección clara. Estos ciclos son parte natural del mercado, y aprender a identificarlos es crucial para saber cuándo actuar y cuándo esperar.

Sincronizarnos con los ciclos del mercado también implica aceptar que no tenemos control sobre ellos. A veces, el mercado nos mostrará oportunidades claras y otras veces parecerá que todo está en caos. Es en esos momentos de caos e incertidumbre cuando es más importante mantener la calma y no dejarnos llevar por la desesperación o el miedo. Al igual que no podemos controlar las estaciones del año, tampoco podemos controlar los ciclos del mercado. Nuestra tarea como traders es observar, adaptarnos y esperar el momento adecuado para actuar.

Uno de los ciclos más conocidos en el mercado es el ciclo de tendencia alcista y bajista. Durante un ciclo alcista, los precios suben de manera sostenida, impulsados por la confianza de los inversores y el crecimiento económico. Este es un buen momento para buscar oportunidades de compra, ya que las probabilidades de obtener ganancias son mayores. Sin embargo, es importante no caer en la trampa de pensar que el ciclo alcista durará para siempre. Todo ciclo alcista eventualmente llega a su fin, y cuando lo hace, da paso a un ciclo bajista. Durante un ciclo bajista, los precios caen, a menudo de manera rápida y agresiva. Este es un momento en el que muchos traders inexpertos pierden dinero, porque no logran adaptarse al cambio de ciclo. Sin embargo, los traders que están sincronizados con el mercado saben que los ciclos bajistas también ofrecen oportunidades, ya sea para vender en corto o para esperar hasta que los precios toquen fondo y comiencen a subir nuevamente.

Además de los ciclos alcistas y bajistas, hay otros ciclos más sutiles que debemos aprender a identificar. Por ejemplo, los ciclos de alta volatilidad y baja volatilidad. En un ciclo de alta volatilidad, los precios pueden moverse rápidamente en cualquier dirección, lo que puede generar grandes oportunidades, pero también grandes riesgos. En estos momentos, es importante estar alerta y preparados para reaccionar rápidamente. Por otro lado, en un ciclo de baja volatilidad, el mercado tiende a moverse de manera más lenta y predecible, lo que puede ser menos emocionante, pero también más seguro para aquellos que prefieren un enfoque más conservador.

La sincronización con los ciclos del mercado también requiere paciencia. Muchos traders pierden dinero simplemente porque no tienen la paciencia para esperar el ciclo adecuado. Quieren ver resultados inmediatos y, en su afán por obtener ganancias rápidas, operan en momentos en los que el mercado no está ofreciendo buenas oportunidades. La paciencia es una virtud en el trading, y aquellos que aprenden a esperar el momento adecuado son los que logran tener éxito a largo plazo. Al igual que un pescador sabe que no siempre es el mejor momento para lanzar la caña, un buen trader sabe que no siempre es el momento para operar. A veces, la mejor acción es no hacer nada y esperar a que el mercado nos muestre el ciclo adecuado.

En resumen, la sincronización con los ciclos del mercado es una habilidad esencial para cualquier trader. No se trata de predecir el futuro ni de controlar el mercado, sino de aprender a observar, adaptarnos y actuar en el momento adecuado. Los ciclos del mercado son como las olas del mar: no podemos controlarlas, pero sí podemos aprender a surfearlas. Si nos sincronizamos con ellas, podemos aprovechar su fuerza a nuestro favor. Pero si intentamos luchar contra ellas, nos arriesgamos a ser arrastrados por la corriente. La clave está en estar en armonía con el mercado, fluyendo con sus ciclos, y tomando decisiones desde un lugar de calma y claridad.

Mindfulness en Tiempo Real

El mindfulness en tiempo real es una de las herramientas más poderosas que un trader puede tener a su disposición. Aunque la mayoría de las personas asocia el mindfulness con la meditación o la relajación, su verdadera fuerza radica en la capacidad de estar plenamente presente en el momento, sin distracciones, sin juicios y sin ser arrastrados por nuestras emociones. En el mundo del trading, donde las decisiones deben tomarse en fracciones de segundo y donde las emociones pueden desbordarnos fácilmente, esta habilidad es fundamental para mantener el enfoque y la claridad mental.

El concepto de mindfulness en tiempo real se refiere a la práctica de estar completamente consciente de lo que está sucediendo mientras operamos en el mercado. Esto significa estar atentos a cada movimiento, cada decisión, y cada emoción que surge dentro de nosotros. En lugar de dejar que nuestras mentes se distraigan con pensamientos sobre el pasado o el futuro, el mindfulness nos ayuda a mantenernos enfocados en lo que está ocurriendo en este preciso instante. Esto es crucial porque, en el trading, lo único que realmente importa es el momento presente. El mercado está en constante cambio, y si nuestra mente está atrapada en lo que sucedió hace unos minutos o preocupada por lo que podría suceder después, perdemos la oportunidad de actuar de manera efectiva.

Uno de los principales beneficios del mindfulness en tiempo real es que nos ayuda a reducir la influencia de nuestras emociones en nuestras decisiones. El trading es una actividad emocionalmente intensa. Los precios suben, bajan, y en cuestión de segundos podemos pasar de sentir euforia a sentir miedo. Estas emociones son naturales, pero si dejamos que nos controlen, podemos tomar decisiones impulsivas y, a menudo, equivocadas. Por ejemplo, el miedo a perder dinero puede llevarnos a cerrar una operación demasiado pronto, mientras que la codicia puede empujarnos a mantener una posición por más tiempo del necesario. El mindfulness nos permite observar estas emociones sin reaccionar de inmediato ante ellas. Al estar conscientes de lo que sentimos, podemos tomar un momento para respirar, evaluar la situación de manera objetiva y luego actuar desde un lugar de calma y control.

La práctica del mindfulness en tiempo real comienza con algo tan simple como la respiración. A lo largo del día, y especialmente durante una sesión de trading, es fácil que nuestra respiración se vuelva superficial y rápida debido al estrés. Esto, a su vez, alimenta la ansiedad y la confusión mental. Pero cuando practicamos el mindfulness, hacemos un esfuerzo consciente por mantener una respiración profunda y controlada. Cada vez que notamos que nuestra mente comienza a acelerarse o que nuestras emociones empiezan a desbordarse, podemos volver nuestra atención a la respiración. Al inhalar y exhalar de manera consciente, no solo calmamos nuestro cuerpo, sino que también despejamos nuestra mente, permitiéndonos volver al presente y tomar decisiones más acertadas.

Otro aspecto clave del mindfulness en tiempo real es la capacidad de observar nuestros pensamientos sin identificarnos con ellos. En el trading, nuestra mente está constantemente generando pensamientos: "¿Debería entrar en esta operación?", "¿Y si pierdo dinero?", "Tal vez debería haber esperado un poco más". Estos pensamientos pueden ser abrumadores si no aprendemos a manejarlos. El mindfulness nos enseña a ver esos pensamientos como simples eventos mentales, no como verdades absolutas. No tenemos que actuar en función de cada pensamiento que surge. Al observarlos desde una distancia mental, podemos decidir cuáles son útiles y cuáles no lo son. Esto nos permite actuar de manera más lógica y menos impulsiva.

El mindfulness en tiempo real también nos ayuda a mantener el enfoque en el proceso, en lugar de obsesionarnos con los resultados. Uno de los mayores errores que cometen los traders es concentrarse demasiado en las ganancias o pérdidas inmediatas. Si estamos constantemente preocupados por cuánto dinero estamos ganando o perdiendo en cada operación, perdemos de vista el panorama general y, a menudo, tomamos decisiones poco acertadas. El mindfulness nos invita a cambiar nuestra atención hacia el proceso de tomar buenas decisiones. Al estar presentes en cada paso, desde el análisis inicial hasta la ejecución de la operación, nos aseguramos de que estamos operando de manera disciplinada y estratégica, sin ser distraídos por el resultado final.

La clave del mindfulness en tiempo real es la práctica constante. No es algo que se aprende de la noche a la mañana, y no es algo que podamos hacer solo de vez en cuando. Al igual que cualquier otra habilidad, el mindfulness requiere tiempo y dedicación para desarrollarse. Una forma sencilla de empezar es incorporar breves pausas de mindfulness a lo largo de la jornada de trading. Estas pausas no tienen que ser largas; incluso unos minutos de respiración consciente o simplemente de estar presentes sin hacer nada pueden hacer una gran diferencia en cómo manejamos el estrés y tomamos decisiones.

Imagina que el mercado está en una fase de alta volatilidad, y sientes que tus emociones están comenzando a apoderarse de ti. En ese momento, en lugar de apresurarte a tomar una decisión basada en el miedo o la codicia, podrías detenerte un momento, tomar unas cuantas respiraciones profundas y preguntarte: "¿Estoy operando desde un lugar de claridad o desde un lugar de ansiedad?". Este pequeño espacio de tiempo, esta pausa consciente, puede ser la diferencia entre una decisión impulsiva y una decisión bien pensada.

Otra forma de practicar el mindfulness en tiempo real es prestar atención a las señales físicas de nuestro cuerpo. A menudo, nuestro cuerpo nos da pistas sobre nuestro estado emocional antes de que lo notemos conscientemente. Por ejemplo, podrías darte cuenta de que tus músculos están tensos, que estás apretando los dientes o que tu corazón está latiendo rápidamente. Estas son señales de que estás bajo estrés y de que podrías estar a punto de tomar una decisión emocional. Al notar estas señales, puedes detenerte, relajarte y regresar al momento presente antes de actuar.

En resumen, el mindfulness en tiempo real es una herramienta invaluable para cualquier trader que busque operar de manera más efectiva y menos emocional. Nos ayuda a estar presentes en el momento, a observar nuestras emociones sin dejarnos arrastrar por ellas y a tomar decisiones desde un lugar de calma y claridad. No se trata de eliminar las emociones o los pensamientos, sino de aprender a manejarlos de manera que no interfieran con nuestro desempeño. Con la práctica constante, el mindfulness nos permite operar con más enfoque, menos estrés y, en última instancia, con mayor éxito en el mercado. Cuando estamos realmente presentes en el ahora, somos capaces de ver el mercado tal como es, sin las distorsiones de nuestras emociones o pensamientos, y esto nos permite operar con una precisión y claridad que de otro modo sería imposible.

La Armonía entre Riesgo y Recompensa

La armonía entre riesgo y recompensa es uno de los principios más importantes que un trader debe comprender y aplicar en su día a día. En el trading, cada operación que realizamos implica un riesgo, y con ese riesgo viene la posibilidad de una recompensa. Encontrar el equilibrio entre ambos es fundamental para tener éxito a largo plazo. Es muy fácil caer en la trampa de enfocarnos solo en las posibles ganancias y olvidar los riesgos que estamos asumiendo. Sin embargo, un trader sabio sabe que, para prosperar, debe manejar el riesgo con cuidado, asegurándose de que esté en proporción con la recompensa esperada.

Cuando hablamos de riesgo y recompensa, nos referimos a la relación entre cuánto estamos dispuestos a perder en una operación y cuánto esperamos ganar. Esta relación es la base de cualquier estrategia de trading exitosa. Si bien puede parecer atractivo apuntar a grandes recompensas, debemos ser realistas y entender que cuanto mayor sea la posible ganancia, mayor será el riesgo. No se trata de evitar el riesgo por completo, ya que el riesgo es parte inherente del trading. Se trata de gestionar ese riesgo de manera inteligente y asegurarnos de que las posibles recompensas justifiquen las decisiones que estamos tomando.

Para muchos traders novatos, el enfoque inicial suele ser maximizar las ganancias a cualquier costo. Se emocionan con la idea de obtener grandes beneficios rápidamente y, a menudo, terminan arriesgando demasiado en una sola operación. Esto puede funcionar a corto plazo, pero, con el tiempo, suele llevar a grandes pérdidas. Un trader que arriesga demasiado sin calcular el riesgo puede perder todo en una sola operación, sin importar cuántas veces haya ganado antes. La clave está en encontrar un punto de equilibrio, una armonía entre cuánto estamos dispuestos a arriesgar y cuánto podemos ganar en cada operación.

El primer paso para lograr esta armonía es establecer un plan claro para cada operación. Esto significa decidir de antemano cuál será nuestro riesgo máximo y cuál es la recompensa que buscamos. Muchos traders experimentados utilizan una relación de riesgo-recompensa de al menos 1:2 o 1:3. Esto significa que por cada dólar que están dispuestos a perder, esperan ganar al menos dos o tres. De esta manera, incluso si pierden más operaciones de las que ganan, seguirán siendo rentables a largo plazo, ya que las recompensas superarán a las pérdidas.

Es importante recordar que no todas las operaciones van a ser ganadoras, y eso está bien. Parte del arte del trading es aceptar que algunas operaciones van a resultar en pérdidas. El objetivo no es ganar en todas las operaciones, sino asegurarse de que cuando ganemos, las ganancias sean lo suficientemente grandes como para cubrir las pérdidas. Si mantenemos una relación de riesgo y recompensa saludable, podemos permitirnos perder en algunas operaciones y aún así terminar con ganancias al final del día o la semana.

Para lograr la armonía entre riesgo y recompensa, también es fundamental conocer nuestros propios límites y tolerancia al riesgo. No todos los traders tienen la misma capacidad para manejar el riesgo. Algunos se sienten cómodos asumiendo más riesgo con la esperanza de obtener mayores recompensas, mientras que otros prefieren un enfoque más conservador, con menores riesgos y recompensas más modestas. Ninguno de estos enfoques es necesariamente mejor que el otro; lo importante es que sea coherente con nuestra personalidad y estilo de trading. Si estamos constantemente nerviosos o preocupados por el riesgo que estamos asumiendo, es probable que no estemos operando de manera efectiva. El trading debe ser un proceso en el que nos sintamos en control y cómodos con las decisiones que estamos tomando.

Un error común que cometen muchos traders es ajustar el riesgo una vez que ya están en una operación. Por ejemplo, empiezan con una idea clara de cuánto están dispuestos a arriesgar, pero cuando el mercado se mueve en su contra, deciden aumentar su límite de pérdida, con la esperanza de que la operación eventualmente se recupere. Esto es peligroso, ya que va en contra del principio de armonía entre riesgo y recompensa. Si aumentamos nuestro riesgo de manera arbitraria, rompemos el equilibrio y nos exponemos a pérdidas mayores de las que inicialmente estábamos preparados para asumir. Es fundamental establecer nuestros límites de riesgo antes de entrar en una operación y respetarlos, pase lo que pase.

La disciplina juega un papel crucial en mantener la armonía entre riesgo y recompensa. No basta con tener un plan; debemos ser capaces de seguir ese plan incluso cuando el mercado nos pone a prueba. A veces, el mercado nos hará dudar de nuestras decisiones, y es en esos momentos cuando la disciplina y la confianza en nuestra estrategia se vuelven esenciales. Si hemos hecho nuestro análisis y hemos establecido una relación de riesgo-recompensa razonable, debemos confiar en nuestro proceso y no dejarnos llevar por las emociones del momento.

Otro aspecto importante a tener en cuenta es que no todas las operaciones requieren el mismo nivel de riesgo. En algunos casos, podemos ver una oportunidad que tiene un alto potencial de recompensa con un riesgo relativamente bajo. En otras situaciones, podríamos estar dispuestos a asumir un riesgo mayor si creemos que la oportunidad de recompensa lo justifica. Lo importante es ser flexibles y ajustar nuestro riesgo en función de la situación, siempre manteniendo el equilibrio entre riesgo y recompensa.

Es esencial también aprender a diversificar nuestras operaciones. Poner todo nuestro capital en una sola operación es extremadamente arriesgado. Incluso si la operación parece ser una apuesta segura, el mercado puede sorprendernos en cualquier momento. Al diversificar nuestras operaciones y no arriesgar demasiado en ninguna de ellas, podemos protegernos de pérdidas catastróficas y mantener un flujo constante de oportunidades. La diversificación nos permite distribuir el riesgo de manera más equilibrada, lo que nos ayuda a mantener la armonía entre riesgo y recompensa.

Finalmente, para mantener una buena armonía entre riesgo y recompensa, es importante estar atentos a cómo cambia el mercado. El mercado no es estático; está en constante evolución, y lo que funcionó ayer puede no funcionar hoy. Por eso, es fundamental estar dispuestos a ajustar nuestras estrategias de riesgo y recompensa a medida que el mercado cambia. Esto no significa cambiar nuestras reglas en cada operación, sino estar abiertos a revisar nuestras estrategias a largo plazo para asegurarnos de que siguen siendo efectivas en el contexto actual.

En resumen, la armonía entre riesgo y recompensa es esencial para cualquier trader que busque tener éxito de manera consistente. No se trata solo de buscar grandes ganancias, sino de gestionar el riesgo de manera equilibrada y responsable. Cuando logramos encontrar ese equilibrio, podemos operar con más confianza, sabiendo que nuestras pérdidas estarán controladas y que nuestras recompensas, cuando lleguen, serán lo suficientemente grandes como para justificar el riesgo asumido. Mantener esta armonía no es fácil, pero con disciplina, planificación y paciencia, podemos asegurar que nuestras operaciones estén siempre alineadas con nuestros objetivos a largo plazo.

El Sexto Sentido del Trader

El sexto sentido del trader es algo de lo que muchos han oído hablar, pero que pocos entienden por completo. A lo largo de los años, muchos traders experimentados han descrito momentos en los que simplemente "sabían" que debían actuar, incluso cuando no había una razón lógica o técnica aparente para hacerlo. Este sexto sentido no es una habilidad mágica ni un poder sobrenatural; es una especie de intuición desarrollada a través de la experiencia y la práctica constante. A medida que un trader se familiariza con el mercado, comienza a percibir patrones y señales sutiles que no siempre son visibles a simple vista. Este sentido, aunque difícil de explicar, puede convertirse en una herramienta valiosa si se sabe escuchar y utilizar de manera adecuada.

A lo largo del tiempo, un trader puede desarrollar una conexión más profunda con el mercado, hasta el punto en que las decisiones empiezan a fluir de manera natural. Esta sensación de "saber qué hacer" sin una razón aparente proviene de la acumulación de conocimiento y de la observación constante. Cuando un trader pasa horas, días y años observando gráficos, movimientos de precios y reacciones del mercado, su cerebro empieza a identificar patrones que no siempre son evidentes a nivel consciente. Estos patrones se almacenan en el subconsciente, y cuando se presentan de nuevo, el trader experimenta esa sensación de que algo está a punto de suceder, aunque no siempre pueda explicarlo en palabras.

El sexto sentido del trader no surge de la nada; requiere de una base sólida de conocimientos técnicos y experiencia. Un trader novato que no ha pasado el tiempo suficiente en el mercado puede confundir sus emociones o deseos con intuición, lo que a menudo lleva a decisiones impulsivas y poco fundamentadas. El verdadero sexto sentido se desarrolla a medida que el trader adquiere una comprensión más profunda de los mercados y de sí mismo. Esta intuición se basa en el conocimiento, no en el azar. Es el resultado de haber visto suficientes situaciones similares y haber aprendido de ellas, de haber fallado, ajustado y mejorado.

Uno de los principales desafíos que enfrentan los traders cuando comienzan a desarrollar este sexto sentido es diferenciar entre la intuición real y las emociones que pueden nublar su juicio. El miedo, la codicia y la ansiedad son emociones comunes en el trading, y si no se controlan, pueden llevarnos a tomar decisiones basadas en impulsos en lugar de en la lógica o la intuición. Para que el sexto sentido funcione de manera efectiva, es crucial que el trader tenga una mente clara y libre de influencias emocionales. Solo cuando hemos aprendido a manejar nuestras emociones y a operar desde un lugar de calma y concentración, podemos confiar en nuestra intuición para guiarnos en el momento adecuado.

Un aspecto clave del sexto sentido del trader es aprender a confiar en él. Muchas veces, un trader puede tener esa sensación interna de que algo está a punto de cambiar en el mercado, pero duda en actuar porque no encuentra una razón lógica o técnica que lo respalde. En estos casos, el trader puede sentirse dividido entre su conocimiento racional y su intuición. Sin embargo, con el tiempo, aquellos que desarrollan un sexto sentido fuerte aprenden a confiar en su instinto, especialmente cuando sienten que está basado en una experiencia previa. Esto no significa ignorar el análisis técnico o fundamental, sino usar la intuición como una herramienta adicional que complementa las demás.

Es importante destacar que el sexto sentido no es infalible. Incluso los traders más experimentados que confían en su intuición cometerán errores de vez en cuando. El mercado es impredecible y, aunque la intuición puede ayudarnos a tomar decisiones más acertadas, no garantiza el éxito en cada operación. Lo que sí hace es darnos una ventaja adicional, una forma de percibir el mercado que va más allá de lo que está a la vista. En muchas ocasiones, esa pequeña señal interna puede ser la diferencia entre una operación exitosa y una pérdida.

Otro factor crucial para desarrollar el sexto sentido es la paciencia. No es algo que se desarrolle de un día para otro, ni tampoco es algo que se pueda forzar. Es un proceso que toma tiempo y que requiere dedicación. Un trader que quiera desarrollar esta intuición debe estar dispuesto a aprender de cada operación, tanto de las ganancias como de las pérdidas. Cada experiencia, cada error y cada éxito contribuyen a ese conocimiento interno que eventualmente se convierte en intuición. Por eso, es fundamental que el trader adopte una mentalidad de aprendizaje constante y no se desanime por las pérdidas o los errores. Cada uno de esos momentos es una oportunidad para afinar ese sexto sentido.

El entorno en el que operamos también puede influir en el desarrollo del sexto sentido. Un espacio de trabajo tranquilo y sin distracciones ayuda a que el trader pueda concentrarse mejor y estar más en sintonía con el mercado. Además, mantener una rutina de trading disciplinada y bien estructurada facilita el proceso de identificar patrones y desarrollar una intuición más aguda. El desorden, la falta de concentración o el estrés constante pueden bloquear esa capacidad de percibir el mercado de manera más profunda. Es por esto que muchos traders exitosos también practican técnicas de relajación, meditación o mindfulness, ya que estas prácticas ayudan a despejar la mente y a estar más presentes en el momento.

Una de las claves para aprovechar al máximo el sexto sentido es saber cuándo actuar y cuándo esperar. No todas las intuiciones deben ser seguidas de inmediato. A veces, ese sentimiento interno puede ser una advertencia para que prestemos más atención, pero no necesariamente para que actuemos en ese instante. Un buen trader sabe cuándo su intuición está indicándole que es el momento de tomar una decisión y cuándo simplemente debe observar y esperar un poco más. Desarrollar esta capacidad de discernimiento es esencial para evitar errores impulsivos y para maximizar el beneficio de las operaciones.

Finalmente, es importante recordar que el sexto sentido del trader es una habilidad que se puede mejorar con el tiempo, pero que nunca está completamente "terminada". El mercado está en constante cambio, y un trader que no esté dispuesto a seguir aprendiendo y adaptándose perderá su conexión con él. Por eso, la intuición debe ser vista como una herramienta dinámica que se ajusta y evoluciona con la experiencia. A medida que el mercado cambia, nosotros también debemos ajustar nuestra forma de percibirlo y reaccionar a sus movimientos.

En resumen, el sexto sentido del trader es una combinación de experiencia, observación y conexión profunda con el mercado. No es algo que se pueda enseñar en un libro o en un curso, pero sí se puede desarrollar con el tiempo mediante la práctica y el aprendizaje continuo. Este sentido, cuando se cultiva adecuadamente, puede convertirse en una poderosa herramienta para navegar los desafíos del mercado y tomar decisiones más acertadas. Aunque no es infalible, el sexto sentido puede proporcionar una ventaja significativa en un entorno tan dinámico y competitivo como el trading, ayudando al trader a anticipar movimientos, gestionar mejor el riesgo y, en última instancia, encontrar más éxito en sus operaciones.

Visualización Creativa

La visualización creativa es una herramienta poderosa que muchos traders han comenzado a incorporar en su rutina diaria para mejorar su desempeño y conexión con el mercado. En esencia, se trata de imaginar de manera clara y detallada los resultados que deseas lograr, viendo en tu mente cómo se desarrollan las operaciones exitosas antes de que ocurran. Esta práctica se basa en la idea de que nuestra mente tiene un impacto directo en nuestras acciones. Si somos capaces de visualizar el éxito, nuestras decisiones y comportamientos en el mercado comenzarán a alinearse con esa imagen mental que hemos creado. Pero la visualización creativa no es solo imaginar que todo sale perfecto; es una forma de prepararnos mentalmente para diferentes escenarios, entrenar nuestra mente y aumentar nuestra confianza al momento de operar.

Para comenzar a practicar la visualización creativa, lo primero que debes hacer es encontrar un espacio tranquilo donde puedas relajarte y concentrarte. Es importante estar en un estado mental calmado y libre de distracciones. Muchos traders eligen hacer esta práctica al inicio del día o justo antes de comenzar una sesión de trading, para estar mentalmente preparados y centrados. La visualización creativa no requiere mucho tiempo; incluso unos pocos minutos pueden ser suficientes para tener un impacto positivo en tu estado mental.

Una vez que estés en un estado de relajación, el siguiente paso es comenzar a visualizar el tipo de operaciones que quieres realizar. Imagina que estás sentado frente a tu pantalla, viendo los gráficos y analizando el mercado. Visualiza cómo lees los datos con claridad, cómo identificas las señales correctas y tomas decisiones basadas en tu análisis. Es importante que esta visualización sea lo más detallada posible. Imagina el entorno a tu alrededor, los colores de los gráficos, el sonido del teclado, incluso cómo te sientes físicamente mientras realizas cada operación. Cuantos más detalles puedas agregar, más efectiva será la visualización.

Un aspecto clave de la visualización creativa es imaginar no solo los momentos de éxito, sino también los desafíos que podrías enfrentar. Por ejemplo, puedes visualizar cómo reaccionas ante una operación que no va según lo planeado. En lugar de entrar en pánico, te ves a ti mismo manteniendo la calma, evaluando la situación de manera lógica y tomando decisiones inteligentes para mitigar el riesgo. Este tipo de visualización no solo te prepara para los éxitos, sino también para los momentos difíciles, lo que te ayuda a desarrollar una mentalidad más equilibrada y resiliente.

Otro elemento importante de la visualización creativa es imaginar cómo te sientes emocionalmente durante todo el proceso de trading. A menudo, el mayor obstáculo que enfrentamos como traders no es el mercado en sí, sino nuestras propias emociones. Sentir miedo, ansiedad o estrés puede nublar nuestro juicio y llevarnos a cometer errores. Por eso, durante la visualización, es fundamental que te imagines a ti mismo operando con total confianza y serenidad. Puedes visualizar cómo respiras profundamente antes de cada operación, cómo mantienes la calma incluso cuando el mercado es volátil y cómo actúas de manera firme y decidida, sin dejarte llevar por las emociones.

La repetición es clave para que la visualización creativa tenga un impacto duradero. Al igual que cualquier habilidad, cuanto más practiques, más efectiva se volverá. Si visualizas de manera consistente, tu mente comenzará a adoptar estos patrones de comportamiento como parte de tu rutina habitual. Al principio, puede parecer que no está teniendo un efecto inmediato, pero con el tiempo comenzarás a notar cómo tu confianza aumenta y cómo te sientes más preparado para enfrentar los desafíos del mercado. Esto no significa que todas tus operaciones serán perfectas, pero estarás más preparado mental y emocionalmente para manejarlas.

Además de visualizar las operaciones individuales, también puedes utilizar esta técnica para visualizar tus metas a largo plazo como trader. Por ejemplo, si tu objetivo es alcanzar un determinado nivel de rentabilidad o consistencia en tus operaciones, puedes imaginarte a ti mismo logrando ese objetivo.

Visualiza cómo te sientes al alcanzar esa meta, qué cambios has hecho en tu rutina de trading y cómo has mejorado a lo largo del tiempo. Este tipo de visualización ayuda a mantenerte enfocado en tus objetivos y a recordarte que el éxito no llega de la noche a la mañana, sino como resultado de un proceso continuo de aprendizaje y mejora.

La visualización creativa también puede ayudarte a superar los momentos de duda o incertidumbre. Todos los traders pasan por fases en las que las cosas no salen como esperaban, y puede ser fácil desanimarse o perder la confianza. En estos momentos, visualizar tu éxito pasado o tu potencial futuro puede ser una manera efectiva de recuperar la motivación y la claridad. Al recordar las veces en que has operado con éxito y al imaginar futuros logros, puedes reprogramar tu mente para que se enfoque en lo positivo en lugar de en las dificultades.

Es importante destacar que la visualización creativa no reemplaza el trabajo duro, el análisis o la disciplina. No es una solución mágica para el éxito en el trading. Sin embargo, cuando se combina con una estrategia sólida, un buen análisis y una disciplina estricta, puede convertirse en una herramienta muy poderosa. La visualización creativa te ayuda a mejorar tu mentalidad, a estar más presente en el momento y a tomar decisiones con mayor claridad y confianza.

También es útil recordar que la visualización creativa no es exclusiva del trading. Muchos atletas, empresarios y personas en diversas profesiones utilizan esta técnica para mejorar su rendimiento. Lo que hace que funcione en el trading es la forma en que te ayuda a manejar el estrés y la presión de las decisiones rápidas, además de mantener una actitud positiva y enfocada a largo plazo.

Finalmente, la visualización creativa es una habilidad que puede evolucionar con el tiempo. Al principio, es posible que te resulte difícil imaginar ciertos detalles o mantener la concentración. Esto es completamente normal. A medida que sigas practicando, te volverás más hábil en la visualización y podrás hacerlo con mayor facilidad y claridad. Lo importante es que seas constante y que lo hagas parte de tu rutina diaria de trading.

En conclusión, la visualización creativa es una técnica sencilla pero extremadamente poderosa que puede ayudarte a mejorar tu desempeño como trader. Al tomarte el tiempo para imaginar tus operaciones de manera detallada y positiva, estás entrenando tu mente para estar más preparada, confiada y enfocada en el éxito. Si bien no garantiza resultados inmediatos, con el tiempo y la práctica, notarás una diferencia en cómo abordas el mercado, cómo manejas tus emociones y cómo tomas decisiones. Al igual que el análisis técnico o la gestión del riesgo, la visualización creativa es otra herramienta que puedes agregar a tu arsenal para convertirte en un trader más completo y exitoso.

Gestión Emocional

La gestión emocional es uno de los aspectos más cruciales del trading, aunque a menudo se pasa por alto. En cualquier operación, ya sea en un día exitoso o en uno lleno de desafíos, nuestras emociones juegan un papel inmenso en las decisiones que tomamos. A veces, la diferencia entre una operación exitosa y una que resulta en pérdida no es el análisis técnico o la estrategia, sino cómo manejamos nuestras emociones en los momentos clave. Sin embargo, la buena noticia es que, al igual que otras habilidades, la gestión emocional se puede aprender y perfeccionar con el tiempo.

Lo primero que debemos reconocer es que el trading es una actividad cargada de emociones. Cada vez que abrimos una operación, estamos enfrentándonos a la incertidumbre y al riesgo. No importa cuán bien preparado estés o cuánta experiencia tengas, el mercado siempre tiene un nivel de imprevisibilidad que puede generar ansiedad, miedo, emoción o incluso euforia. Estas emociones son naturales y no deben ser ignoradas. Pretender que no sentimos nada mientras operamos sería contraproducente. El secreto no está en suprimir las emociones, sino en aprender a manejarlas de forma constructiva.

Una de las emociones más comunes en el trading es el miedo. Este puede manifestarse de muchas formas: miedo a perder dinero, miedo a cometer un error o miedo a no cumplir con nuestras expectativas. El miedo puede ser paralizante, haciendo que dudemos de nuestras decisiones o que nos alejemos de nuestra estrategia. Para gestionar el miedo, es importante desarrollar una relación saludable con él. No podemos eliminar el miedo por completo, pero podemos aprender a reconocerlo y a actuar a pesar de él. Una de las mejores maneras de hacerlo es confiar en nuestro plan de trading y en la preparación previa. Cuando tenemos una estrategia clara y hemos practicado la disciplina, el miedo pierde parte de su poder porque sabemos que nuestras decisiones están basadas en análisis sólidos y no en impulsos emocionales.

Por otro lado, también existe el problema opuesto: la euforia. Cuando las operaciones van bien y todo parece alinearse a nuestro favor, es fácil caer en una sensación de invencibilidad. El problema con la euforia es que puede llevarnos a tomar riesgos innecesarios o a salirnos de nuestra estrategia. Sentirnos bien por nuestras victorias es natural, pero es importante recordar que el éxito en el trading no se mide por una sola operación, sino por la consistencia a lo largo del tiempo. La euforia puede nublar nuestro juicio y hacernos olvidar que el mercado puede cambiar en cualquier momento. La clave aquí es mantener los pies en la tierra y recordar que cada operación es independiente y debe ser tratada con el mismo nivel de atención y cuidado.

Una emoción muy peligrosa en el trading es la frustración. Todos hemos tenido días en los que, no importa lo que hagamos, parece que todo va en nuestra contra. Tal vez el mercado no se comporta como esperábamos, o tal vez cometemos errores consecutivos que afectan nuestro desempeño. En estos momentos, la frustración puede acumularse y hacernos reaccionar de manera impulsiva. Es aquí donde muchos traders caen en el error de "vengarse" del mercado, tratando de recuperar pérdidas rápidamente con operaciones que no están bien pensadas. Esta actitud puede ser desastrosa y llevarnos a perder aún más dinero. La mejor forma de manejar la frustración es reconocer cuándo necesitamos un descanso. A veces, alejarse del mercado por un tiempo y despejar la mente es la decisión más sabia que podemos tomar. Volveremos con una mentalidad más clara y menos emocional.

La codicia es otra emoción que puede afectar nuestra toma de decisiones. En el trading, la codicia se manifiesta cuando nos cuesta cerrar una operación ganadora porque queremos exprimir cada último centavo de ganancia, o cuando asumimos más riesgos de los necesarios con la esperanza de obtener grandes beneficios rápidamente. Esta mentalidad puede llevarnos a perder oportunidades de asegurar ganancias o, peor aún, a perder dinero porque el mercado da un giro inesperado. Para combatir la codicia, es fundamental tener una estrategia clara de salida y respetarla. Saber cuándo es suficiente y estar satisfechos con una ganancia razonable es una habilidad que todo trader debe desarrollar para mantenerse en el juego a largo plazo.

Otra parte esencial de la gestión emocional es aprender a aceptar las pérdidas. En el trading, las pérdidas son inevitables. No importa cuán bien hagamos nuestro análisis o cuán cuidadosa sea nuestra estrategia, habrá momentos en los que las cosas no salgan como esperamos. La diferencia entre un trader exitoso y uno que fracasa a menudo radica en cómo manejan esas pérdidas. En lugar de ver una pérdida como un fracaso personal o como una señal de que no somos lo suficientemente buenos, debemos verla como parte del proceso de aprendizaje. Cada pérdida es una oportunidad para evaluar lo que salió mal, ajustar nuestra estrategia si es necesario y seguir adelante sin cargar con la carga emocional de ese resultado. Es importante recordar que una operación perdedora no define nuestro valor como traders.

La paciencia es una de las virtudes más importantes que un trader puede tener cuando se trata de la gestión emocional. El mercado no siempre se moverá de acuerdo con nuestros tiempos o expectativas, y habrá momentos en los que no se presente ninguna oportunidad clara. En estos casos, la impaciencia puede llevarnos a forzar operaciones en mercados que no tienen buenas probabilidades a nuestro favor. La paciencia nos permite esperar el momento adecuado para actuar, confiando en que las oportunidades llegarán cuando sea el momento adecuado. Desarrollar esta paciencia requiere práctica y autocontrol, pero a largo plazo nos ahorrará muchas frustraciones y pérdidas innecesarias.

Una de las mejores maneras de mejorar nuestra gestión emocional es mediante la autoobservación. Al igual que analizamos el mercado, debemos analizar nuestras propias emociones y patrones de comportamiento. ¿Qué sentimos antes, durante y después de cada operación? ¿Qué emociones tienden a influir más en nuestras decisiones? Al hacernos estas preguntas, podemos empezar a identificar patrones emocionales que nos afectan negativamente. Por ejemplo, tal vez descubramos que tendemos a ser demasiado conservadores después de una pérdida o demasiado agresivos después de una victoria. Al ser conscientes de estos patrones, podemos empezar a trabajar en ellos y desarrollar una mayor autoconsciencia.

También es útil tener una rutina diaria que nos ayude a gestionar nuestras emociones. Esto puede incluir prácticas como la meditación, el ejercicio o simplemente tomar unos minutos antes de cada sesión de trading para respirar profundamente y calmar la mente. Estas prácticas nos ayudan a entrar en un estado mental más equilibrado, lo que nos permite tomar decisiones más claras y racionales. No es necesario dedicar mucho tiempo a estas actividades, pero hacerlo de manera constante puede marcar una gran diferencia en cómo nos sentimos y cómo reaccionamos en el mercado.

Por último, es fundamental recordar que la gestión emocional es un proceso continuo. Nunca llegaremos a un punto en el que podamos decir que hemos dominado por completo nuestras emociones. El mercado siempre presentará nuevos desafíos y situaciones inesperadas que pondrán a prueba nuestra capacidad de mantener la calma y la claridad. Lo importante es estar comprometidos con la mejora constante y estar dispuestos a aprender de cada experiencia, ya sea positiva o negativa. Al final del día, nuestras emociones son parte de lo que nos hace humanos, y aprender a manejarlas en el contexto del trading es lo que nos permitirá alcanzar el éxito a largo plazo.

En resumen, la gestión emocional en el trading es esencial para mantenernos enfocados, disciplinados y preparados para los altibajos que inevitablemente encontraremos. Al aprender a reconocer y manejar nuestras emociones de manera constructiva, no solo mejoramos nuestro rendimiento en el mercado, sino que también nos convertimos en traders más equilibrados y conscientes. La clave está en la práctica constante, en la autoconciencia y en la disposición para adaptarnos y aprender en cada etapa del camino.

Esperar el Momento Adecuado

Esperar el momento adecuado es una de las lecciones más valiosas que cualquier trader puede aprender, pero también una de las más difíciles de poner en práctica. El mercado está en constante movimiento, lleno de oportunidades que aparecen y desaparecen en cuestión de segundos. Para muchos, esta velocidad puede ser abrumadora y llevar a la sensación de que siempre estamos perdiendo algo importante. Sin embargo, la realidad es que no todas las oportunidades son buenas, y saber cuándo actuar y cuándo esperar puede marcar la diferencia entre una operación exitosa y una costosa pérdida.

Uno de los errores más comunes que los traders, especialmente los principiantes, suelen cometer es entrar en el mercado por impulso. A veces es el miedo a perderse una oportunidad (lo que muchos llaman "FOMO", o miedo a quedarse fuera) lo que nos lleva a realizar operaciones apresuradas. Otras veces, es la ansiedad de querer hacer algo, cualquier cosa, en lugar de quedarnos quietos. Pero el trading no es una carrera de velocidad, sino de paciencia. La capacidad de esperar el momento adecuado no solo te ahorra operaciones equivocadas, sino que te permite tomar decisiones basadas en análisis y estrategias sólidas en lugar de emociones o presión del momento.

Esperar el momento adecuado implica entender que no todos los días o momentos son óptimos para operar. El mercado tiene ciclos, patrones y comportamientos que cambian a lo largo del día y la semana. Por ejemplo, puede que te especialices en operar durante ciertas horas del día, como la apertura de los mercados en Nueva York o Londres, donde la volatilidad es mayor y las oportunidades son más claras. O tal vez prefieras operar en mercados más tranquilos, donde los movimientos son más predecibles. Sea cual sea tu enfoque, lo importante es tener claro que no siempre habrá una oportunidad que se ajuste a tu estrategia, y está bien esperar hasta que las condiciones sean las adecuadas.

El problema de actuar sin esperar el momento adecuado es que muchas veces nos basamos en una necesidad de estar ocupados o de sentir que estamos progresando. Pero en el trading, menos a menudo es más. Las operaciones impulsivas basadas en la impaciencia tienden a llevar a pérdidas o resultados subóptimos. Un trader experimentado sabe que estar frente a la pantalla no significa necesariamente estar operando todo el tiempo. De hecho, gran parte del trading efectivo consiste en observar, analizar y esperar. La clave está en desarrollar la habilidad de reconocer cuándo el mercado no presenta condiciones favorables y tener la disciplina para abstenerse de actuar.

Un aspecto importante de esperar el momento adecuado es aprender a identificar patrones y señales que te indiquen cuándo es el mejor momento para entrar o salir de una operación. Muchos traders utilizan análisis técnico para buscar estos momentos ideales. Sin embargo, incluso con un análisis sólido, las mejores oportunidades no siempre aparecerán de inmediato. Puede que pases horas o incluso días esperando que una configuración perfecta se materialice. Durante este tiempo, es fundamental no caer en la tentación de apresurarse o forzar una operación solo por el deseo de estar activo en el mercado. La paciencia aquí es clave.

También es importante reconocer que el mercado no siempre estará alineado con tus expectativas. A veces, puede parecer que todos los indicadores están en su lugar y que una operación es inminente, solo para que el mercado haga algo completamente inesperado. Estos son los momentos en los que la paciencia se pone a prueba. En lugar de tratar de adivinar o adelantarte a los movimientos, lo mejor es esperar a que el mercado te dé una confirmación clara. A menudo, esperar una señal adicional o un pequeño movimiento más puede evitar que caigas en una trampa o que te veas atrapado en una tendencia que no es sostenible.

Otra ventaja de esperar el momento adecuado es que te ayuda a gestionar el riesgo de manera más efectiva. Cuando actúas con paciencia y solo entras en el mercado cuando las condiciones son óptimas, reduces la posibilidad de cometer errores impulsivos. Sabes que cada operación que realizas está respaldada por un análisis cuidadoso y que has elegido el mejor momento posible para entrar. Esto no garantiza que todas tus operaciones sean ganadoras, pero aumenta significativamente las probabilidades de éxito y te permite tener un control más preciso sobre tus decisiones.

El esperar el momento adecuado no solo se aplica a la entrada en el mercado, sino también a la salida. Saber cuándo cerrar una operación es igual de importante que saber cuándo abrirla. A veces, es fácil dejarse llevar por el entusiasmo cuando una operación va bien y seguir manteniéndola en busca de más ganancias. Sin embargo, esto puede llevar a perder las ganancias acumuladas cuando el mercado da un giro inesperado. Por eso, parte de esperar el momento adecuado es saber cuándo es suficiente y cuándo es el momento de tomar tus ganancias o aceptar una pequeña pérdida antes de que se convierta en algo más grande.

La paciencia que desarrollas al esperar el momento adecuado también tiene un efecto positivo en tu estado mental. En lugar de estar constantemente preocupado o estresado por cada movimiento del mercado, te das permiso para relajarte y observar. Sabes que no tienes que aprovechar cada pequeña oportunidad que surge y que está bien esperar por aquellas que realmente valen la pena. Este enfoque más calmado no solo mejora tu toma de decisiones, sino que también reduce el agotamiento y el estrés a largo plazo, lo que te permite mantenerte enfocado y en control.

Es importante también mencionar que esperar el momento adecuado no significa estar completamente inactivo. Durante este tiempo, puedes estar perfeccionando tus habilidades, ajustando tu estrategia, revisando tus operaciones pasadas o incluso aprendiendo más sobre los mercados. Este tiempo de espera es una oportunidad para prepararte mejor, para afinar tu enfoque y para asegurarte de que estás listo cuando la oportunidad correcta finalmente se presente. Es una mentalidad de preparación continua, no de pasividad.

Algunos traders incluso ven el acto de esperar como parte del proceso de trading en sí. En lugar de sentir que están perdiendo el tiempo mientras esperan, ven este tiempo como una inversión en su éxito a largo plazo. Esperar el momento adecuado es una decisión activa, una parte crucial de su estrategia que les permite maximizar sus oportunidades y minimizar sus errores. Esta perspectiva cambia completamente la forma en que vemos el tiempo de inactividad en el mercado, y nos ayuda a ser más disciplinados y estratégicos en nuestras acciones.

Por último, la paciencia que se requiere para esperar el momento adecuado también se extiende a la forma en que abordamos nuestro crecimiento como traders. El éxito en el trading no llega de la noche a la mañana, y tratar de apresurar el proceso solo lleva a frustración y errores. Al igual que en el mercado, en nuestra carrera como traders, también debemos aprender a esperar el momento adecuado. Cada operación, cada lección, cada error es parte de un viaje más grande que requiere tiempo, esfuerzo y, sobre todo, paciencia.

En resumen, esperar el momento adecuado es una habilidad esencial para cualquier trader que quiera alcanzar el éxito a largo plazo. Implica tener la disciplina para observar el mercado con calma, tomar decisiones basadas en análisis en lugar de emociones y saber cuándo actuar y cuándo abstenerse. Al dominar esta habilidad, no solo mejoramos nuestro desempeño en el mercado, sino que también desarrollamos una mentalidad más equilibrada, paciente y estratégica. Y es esta mentalidad la que, en última instancia, nos llevará a alcanzar nuestras metas como traders.

Conexión con el Propósito

Conectar con el propósito es uno de los pilares fundamentales para tener éxito en el trading y, en general, en cualquier aspecto de la vida. Cuando hablamos de propósito en el contexto del trading, no nos referimos solo al deseo de ganar dinero o generar ingresos. El propósito es mucho más profundo. Es esa motivación interna que va más allá de los resultados inmediatos y que nos impulsa a seguir adelante, incluso cuando las cosas no salen como esperamos. Tener un propósito claro nos da dirección, nos permite mantener el enfoque y, lo más importante, nos ayuda a navegar las dificultades con una mayor fortaleza mental y emocional.

Al comenzar en el mundo del trading, es fácil caer en la trampa de enfocarse únicamente en los aspectos técnicos: los gráficos, los indicadores, las tendencias. Pero con el tiempo, muchos traders se dan cuenta de que dominar estos elementos no es suficiente. Se necesita algo más, una conexión con un propósito más profundo que guíe nuestras decisiones y mantenga nuestra motivación a largo plazo. Operar en los mercados puede ser agotador y desafiante, y es en esos momentos de dificultad cuando el propósito se convierte en nuestro ancla.

El propósito en el trading no se trata solo de alcanzar metas financieras, sino también de entender por qué queremos ser traders en primer lugar. ¿Qué es lo que nos impulsa a participar en este mundo tan dinámico y a veces impredecible? Para algunos, puede ser la libertad financiera, la posibilidad de trabajar desde cualquier lugar y no depender de un empleo tradicional. Para otros, puede ser el reto intelectual que representa, el constante aprendizaje y la adaptación que requiere. Sea cual sea el motivo, conectar con ese propósito nos da una razón clara para seguir adelante, incluso en los días más difíciles.

Es importante darse cuenta de que el propósito no es algo que encontremos de la noche a la mañana. Es algo que se desarrolla con el tiempo, a medida que crecemos como traders y como personas. Al principio, muchos entran en el trading con la simple idea de ganar dinero rápidamente, pero pronto descubren que hay mucho más en juego. El trading es un viaje de autodescubrimiento. Nos enfrentamos no solo al mercado, sino también a nosotros mismos, a nuestras emociones, a nuestros miedos y a nuestras limitaciones. Es en este proceso donde empezamos a conectar con un propósito más auténtico y personal.

Tener un propósito claro también nos ayuda a mantener la disciplina. El trading requiere un alto nivel de autocontrol y concentración. Hay momentos en los que las cosas no salen como planeamos, y es fácil perder la motivación o desviarnos de nuestra estrategia. Sin embargo, cuando tenemos un propósito fuerte, nos recordamos a nosotros mismos por qué estamos haciendo lo que hacemos. Nos permite mantenernos enfocados y disciplinados, incluso cuando el mercado es volátil o cuando experimentamos una racha de pérdidas. En lugar de abandonar, nos apoyamos en ese propósito para seguir aprendiendo y mejorando.

Otro aspecto importante de la conexión con el propósito es que nos ayuda a tomar decisiones más alineadas con nuestros valores. A menudo, en el trading, podemos vernos tentados a tomar atajos o asumir riesgos innecesarios en busca de una ganancia rápida. Pero si estamos conectados con nuestro propósito, nuestras decisiones tienden a ser más reflexivas y cuidadosas. No actuamos impulsivamente ni nos dejamos llevar por el miedo o la codicia. En su lugar, nuestras acciones están alineadas con un objetivo más grande y, en última instancia, más sostenible.

Conectar con el propósito también nos ayuda a encontrar significado en nuestras experiencias, incluso en las más difíciles. En el trading, habrá pérdidas, fracasos y momentos de frustración. Si nos enfocamos solo en los resultados inmediatos, estos desafíos pueden ser desalentadores y difíciles de superar. Pero cuando operamos con un propósito, entendemos que cada experiencia, buena o mala, es parte de un proceso más grande. Las pérdidas se convierten en lecciones, las frustraciones en oportunidades para crecer y mejorar. El propósito nos da una perspectiva a largo plazo, lo que nos permite ver el trading como una carrera de fondo en lugar de una serie de resultados a corto plazo.

El proceso de conectar con nuestro propósito también nos invita a reflexionar sobre qué tipo de traders queremos ser. ¿Queremos ser traders que solo buscan obtener ganancias rápidas, sin importar el costo? ¿O queremos ser traders que operan con integridad, que se comprometen a aprender, a crecer y a desarrollar habilidades sostenibles a lo largo del tiempo? Estas son preguntas importantes que debemos hacernos a medida que avanzamos en nuestro camino. Nuestro propósito nos ayudará a tomar decisiones que estén alineadas con quiénes somos y con la visión que tenemos para nuestro futuro en el mercado.

Además, el propósito nos brinda una sensación de paz interior. Cuando estamos conectados con un propósito claro, no necesitamos compararnos con otros traders ni preocuparnos por el éxito de los demás. Sabemos que estamos en nuestro propio camino, siguiendo nuestro propio ritmo. El éxito en el trading no se mide únicamente por el dinero que ganamos, sino también por cómo nos sentimos en el proceso. Un propósito sólido nos permite disfrutar más del viaje, aprender a apreciar tanto las victorias como los desafíos, y mantenernos centrados en lo que realmente importa.

Es esencial recordar que nuestro propósito puede evolucionar con el tiempo. Lo que nos motiva hoy puede no ser lo mismo que nos motive en unos años. A medida que ganamos más experiencia y sabiduría en el trading, nuestras metas y nuestra visión pueden cambiar. Y eso está bien. La clave es estar siempre en sintonía con nosotros mismos y con nuestras motivaciones. Tomarnos el tiempo para reflexionar regularmente sobre por qué hacemos lo que hacemos nos permite ajustar nuestro enfoque y mantener una conexión constante con nuestro propósito.

Para algunos traders, el propósito puede ir más allá del trading mismo. Tal vez el trading sea una herramienta que les permita alcanzar otras metas en la vida, como tener más tiempo para pasar con la familia, viajar o dedicarse a otras pasiones. En este sentido, el trading no es el fin, sino el medio para lograr una vida más plena y satisfactoria. Cuando vemos el trading desde esta perspectiva más amplia, nos damos cuenta de que no todo se trata de las operaciones que hacemos o de los números en nuestra cuenta. Se trata de cómo el trading se alinea con nuestra vida y con el propósito general que tenemos.

En conclusión, conectar con nuestro propósito es uno de los elementos más importantes para tener éxito y satisfacción en el trading. Nos brinda claridad, disciplina, paz mental y una perspectiva a largo plazo que nos ayuda a enfrentar tanto los altibajos del mercado como los desafíos personales. Más allá de las ganancias financieras, operar con un propósito nos permite encontrar significado y satisfacción en cada paso del camino, haciendo que el viaje valga la pena en sí mismo. Y, lo más importante, nos da una razón para seguir adelante, incluso cuando el camino se pone difícil, porque sabemos que estamos persiguiendo algo más grande que nosotros mismos.

La Filosofía del Desapego

La filosofía del desapego es uno de los conceptos más poderosos y transformadores que un trader puede aprender. A primera vista, puede parecer contradictorio, ya que en el trading estamos constantemente tomando decisiones que implican dinero, riesgo y emociones. Sin embargo, desapegarse no significa que no nos importe lo que hacemos o que seamos indiferentes al resultado. Más bien, el desapego significa aprender a no estar emocionalmente atados a nuestras operaciones, ya sean ganancias o pérdidas, y desarrollar una mentalidad en la que el proceso y la disciplina importan más que los resultados individuales. Es un estado de serenidad y ecuanimidad que nos permite tomar mejores decisiones y evitar el estrés innecesario.

En el mundo del trading, es fácil caer en la trampa de atarnos emocionalmente a nuestras operaciones. Cuando una operación va bien, sentimos euforia; cuando va mal, sentimos frustración o incluso desesperación. Esta montaña rusa emocional no solo es agotadora, sino que también nubla nuestro juicio. Un trader que está demasiado apegado a los resultados de sus operaciones corre el riesgo de tomar decisiones basadas en sus emociones en lugar de basarse en un análisis objetivo y una estrategia clara. Aquí es donde entra en juego el desapego: aprender a aceptar el resultado, sea cual sea, y seguir adelante sin dejar que las emociones nublen el juicio.

Desapegarse en el trading no significa que no nos importen nuestras operaciones o que no estemos comprometidos con el proceso. Lo que significa es que no estamos obsesionados con el resultado inmediato. En lugar de medir nuestro éxito o fracaso en función de una operación individual, miramos el panorama general. Sabemos que el trading es un juego de probabilidades, y que habrá operaciones ganadoras y perdedoras. Lo importante no es cada operación por separado, sino la consistencia y la disciplina con la que aplicamos nuestra estrategia a lo largo del tiempo.

Una de las formas en que el desapego nos beneficia es ayudándonos a evitar el sesgo emocional. Cuando estamos demasiado apegados a una operación, podemos caer en la trampa de mantenerla abierta por más tiempo del necesario, esperando que el mercado se mueva a nuestro favor. O podemos cerrar una operación ganadora demasiado pronto por miedo a perder lo que ya hemos ganado. Estas decisiones impulsivas, basadas en el apego emocional, a menudo nos llevan a resultados subóptimos. Al desapegarnos, somos capaces de tomar decisiones más objetivas, basadas en los hechos y en nuestro análisis, en lugar de dejarnos llevar por el miedo o la codicia.

El desapego también nos permite aceptar las pérdidas de una manera más saludable. Las pérdidas son una parte inevitable del trading, y ningún trader, por experimentado que sea, está libre de ellas. Sin embargo, cuando estamos demasiado apegados a nuestras operaciones, una pérdida puede sentirse como un golpe personal, algo que nos afecta profundamente. Esto puede llevarnos a la frustración, el estrés y la duda sobre nuestras habilidades. Pero cuando adoptamos la filosofía del desapego, entendemos que una pérdida no define nuestro valor como traders ni como personas. Es simplemente una parte del proceso. La clave está en aprender de esas pérdidas, ajustar nuestras estrategias si es necesario y seguir adelante sin quedarnos atrapados en el pasado.

Un aspecto importante del desapego es también aprender a soltar el control. En el trading, hay muchos factores que están fuera de nuestro control: los movimientos del mercado, las noticias económicas, los eventos globales, entre otros. Intentar controlar cada aspecto de lo que sucede en el mercado es una tarea inútil y frustrante. Al desapegarnos, aceptamos que no podemos controlar el mercado, pero sí podemos controlar cómo reaccionamos ante él. Nos enfocamos en lo que está dentro de nuestro control, como nuestra estrategia, nuestras emociones y nuestra disciplina. Al soltar la necesidad de controlar todo, nos liberamos de una gran cantidad de estrés y presión innecesaria.

Otra forma en la que el desapego nos ayuda es manteniendo una mentalidad de largo plazo. El trading no es una carrera de velocidad, es una maratón. Cuando estamos demasiado apegados a los resultados a corto plazo, podemos perder de vista el panorama general. Tal vez una operación no salga como esperábamos, pero eso no significa que nuestra estrategia sea incorrecta o que estemos en el camino equivocado. Al desapegarnos, nos permitimos ser pacientes y confiar en el proceso a largo plazo. Sabemos que habrá altibajos, pero lo importante es mantener la constancia y la disciplina a lo largo del tiempo.

Desapegarse también nos ayuda a mantener una mayor paz mental. El trading puede ser estresante y demandante, pero cuando nos desapegamos de los resultados inmediatos, reducimos el nivel de estrés que sentimos. En lugar de vivir cada operación como si fuera un evento de vida o muerte, la vemos simplemente como una parte del proceso general. Esto nos permite mantener la calma, incluso en los momentos más volátiles del mercado. Y cuando estamos más tranquilos, somos capaces de tomar decisiones más claras y racionales.

Uno de los mayores desafíos para desapegarse es que requiere una reprogramación mental. A lo largo de nuestras vidas, hemos sido condicionados a medir el éxito en función de resultados tangibles e inmediatos. Queremos ver ganancias, queremos sentirnos validados por nuestras decisiones. Pero en el trading, esta mentalidad puede ser contraproducente. El verdadero éxito en el trading no se mide por una operación ganadora, sino por nuestra capacidad para mantenernos consistentes, disciplinados y enfocados a largo plazo. Desapegarnos de los resultados inmediatos nos permite operar desde un lugar de mayor claridad y control interno.

Un ejemplo común del apego emocional es cuando una operación empieza a ir en contra de nosotros. En lugar de aceptar la pequeña pérdida y salir, algunos traders se aferran a la esperanza de que el mercado cambiará de dirección. Este apego emocional a la operación puede llevar a pérdidas mucho mayores de las que originalmente habíamos planificado. El desapego, por otro lado, nos permite cortar las pérdidas rápidamente y sin emociones, porque entendemos que una pequeña pérdida no es el fin del mundo, es simplemente parte del juego.

Además, el desapego nos permite disfrutar más del proceso. Cuando estamos demasiado enfocados en los resultados, cada operación se convierte en una fuente de ansiedad. Pero cuando nos desapegamos de los resultados, podemos empezar a disfrutar del desafío intelectual y emocional que representa el trading. Vemos cada operación como una oportunidad para aprender, crecer y mejorar nuestras habilidades. El proceso se convierte en algo más que simplemente ganar o perder dinero; se convierte en un viaje de autodescubrimiento y crecimiento personal.

Finalmente, la filosofía del desapego no solo mejora nuestro rendimiento en el trading, sino también nuestra calidad de vida. Cuando estamos demasiado apegados a los resultados del mercado, llevamos ese estrés y ansiedad a otras áreas de nuestra vida. Pero al desapegarnos, no solo nos liberamos en el ámbito del trading, sino que también llevamos esa paz mental y serenidad a nuestras relaciones personales, nuestra salud y nuestro bienestar general. Aprendemos a disfrutar más del presente, a no obsesionarnos con lo que podría haber sido y a aceptar lo que es, con gracia y ecuanimidad.

En resumen, la filosofía del desapego es una herramienta poderosa para cualquier trader. Nos permite operar desde un lugar de mayor claridad, disciplina y control emocional. Al soltar el apego a los resultados inmediatos, nos liberamos de la montaña rusa emocional que el trading puede representar y nos enfocamos en el proceso a largo plazo. Nos ayuda a aceptar las pérdidas, a soltar la necesidad de controlar el mercado y a disfrutar más del viaje en sí. Y, lo más importante, nos da una mayor paz mental, tanto dentro como fuera del mundo del trading.

Rituales para una Sesión de Trading Exitosa

Los rituales son una parte fundamental de la vida diaria de muchas personas. Nos ayudan a estructurar nuestro día, crear un sentido de propósito y, en muchos casos, aumentar nuestra productividad. En el mundo del trading, donde la concentración y la disciplina son clave, establecer rituales puede marcar una gran diferencia. Los rituales para una sesión de trading exitosa no solo preparan nuestra mente y cuerpo para enfrentar el mercado, sino que también nos ayudan a entrar en un estado de calma y enfoque, lo cual es crucial para tomar decisiones racionales y evitar caer en trampas emocionales.

Antes de comenzar a operar, uno de los rituales más importantes que un trader puede desarrollar es crear un ambiente adecuado. El entorno en el que operamos tiene un impacto directo en nuestro estado mental. Si operamos en un espacio desordenado o lleno de distracciones, es probable que nuestra mente también esté dispersa. Por eso, el primer paso para una sesión de trading exitosa es asegurarse de que nuestro espacio de trabajo esté limpio, ordenado y libre de distracciones innecesarias.

Un escritorio despejado y un ambiente tranquilo permiten que nuestra mente esté más clara y lista para enfrentar los desafíos del mercado.

Un ritual muy útil antes de comenzar una sesión de trading es practicar algún tipo de meditación o respiración consciente. El mercado puede ser un lugar de mucha tensión, y a menudo, las emociones pueden nublar nuestro juicio. La meditación, aunque sea por unos minutos, nos ayuda a calmar la mente, reducir la ansiedad y concentrarnos en el presente. No se trata de hacer una meditación profunda ni de pasar horas en silencio, sino de dedicar unos minutos a enfocarnos en nuestra respiración, dejar ir cualquier preocupación externa y traer nuestra atención plena al momento presente. Este simple ritual puede marcar una gran diferencia en cómo enfrentamos la jornada de trading.

Otro aspecto crucial de los rituales es establecer metas claras para la sesión. Sin metas, es fácil perderse en el caos del mercado, tomar decisiones impulsivas o desviarse del plan. Antes de comenzar a operar, es importante definir lo que queremos lograr ese día. Estas metas pueden ser tanto financieras como operativas. Tal vez nuestra meta sea seguir estrictamente nuestra estrategia de entrada y salida, o tal vez queremos asegurarnos de no operar más allá de un límite de riesgo determinado. Al tener metas claras, sabemos exactamente lo que estamos buscando y nos mantenemos enfocados en nuestros objetivos a lo largo de la sesión.

Una vez que hemos meditado y establecido nuestras metas, es útil realizar un análisis premercado. Esto implica revisar lo que ha sucedido en los mercados antes de nuestra sesión. Es posible que hayan ocurrido eventos importantes, como anuncios de datos económicos o noticias globales, que podrían impactar el comportamiento del mercado durante nuestra jornada. Este análisis premercado también nos ayuda a identificar posibles oportunidades y riesgos. Nos permite entrar en la sesión con una comprensión más clara de las condiciones del mercado, lo que nos prepara para tomar decisiones más informadas.

Un ritual que muchos traders exitosos practican es el de visualizar sus operaciones antes de que comiencen. La visualización creativa no solo se aplica al ámbito deportivo o a metas personales, sino que también puede ser una herramienta poderosa en el trading. Antes de comenzar a operar, podemos tomarnos unos minutos para cerrar los ojos y visualizar una sesión exitosa. Podemos imaginar cómo analizamos los gráficos, cómo tomamos decisiones claras y precisas, cómo mantenemos la calma durante momentos de volatilidad y cómo seguimos nuestro plan de trading sin desviarnos. Al visualizar el éxito, estamos preparando nuestra mente para operar desde un lugar de confianza y enfoque.

También es útil incorporar un ritual de revisión de nuestra estrategia. Antes de comenzar a operar, es importante recordarnos a nosotros mismos cuál es nuestro plan de trading. Esto incluye nuestros criterios de entrada y salida, el tamaño de nuestras posiciones y nuestros límites de riesgo. Al revisar nuestra estrategia antes de que comience la acción, evitamos tomar decisiones impulsivas o desviarnos de nuestro plan debido a las emociones del momento. Este ritual nos ayuda a mantener la disciplina y la consistencia en nuestras decisiones, dos elementos fundamentales para el éxito a largo plazo en el trading.

Durante la sesión de trading, es importante mantener algunos pequeños rituales que nos ayuden a mantener la concentración. Por ejemplo, hacer pausas regulares para estirarse o simplemente tomar un respiro puede ser muy beneficioso. El trading requiere un alto nivel de enfoque mental, y operar durante horas sin descanso puede llevar al agotamiento mental y a errores evitables. Al programar pequeñas pausas a lo largo de la sesión, permitimos que nuestra mente se refresque, lo que nos ayuda a mantener un estado de concentración más sostenido.

Además de las pausas, un buen ritual es llevar un diario de trading en tiempo real. Durante la sesión, podemos registrar nuestras operaciones, lo que estamos viendo en el mercado, cómo nos sentimos en ciertos momentos y cualquier ajuste que estemos considerando hacer. Este diario no solo nos ayuda a mantenernos más conscientes de nuestras decisiones, sino que también se convierte en una herramienta valiosa para revisar al final del día. Al anotar nuestras operaciones en el momento, estamos creando un registro honesto y detallado que luego podemos utilizar para aprender de nuestras experiencias, tanto las positivas como las negativas.

Una vez que termina la sesión de trading, es importante tener un ritual de cierre. Este es un momento para desconectar del mercado y reflexionar sobre lo que ha sucedido. Podemos revisar nuestras operaciones, ver qué salió bien, qué salió mal y qué podríamos mejorar. Es una oportunidad para aprender de nuestros errores sin autocriticarnos demasiado, y también para celebrar las decisiones acertadas. Este ritual de revisión es clave para el crecimiento continuo como traders, ya que nos permite ajustar y afinar nuestra estrategia con base en las experiencias diarias.

Al igual que al inicio de la sesión, la meditación o la respiración consciente pueden ser útiles al final de la jornada. Después de varias horas de concentración intensa y de estar en constante toma de decisiones, es normal sentirnos mentalmente agotados. Terminar la sesión con unos minutos de meditación nos permite soltar cualquier tensión acumulada y cerrar el día con una sensación de calma y claridad. Este ritual de cierre nos ayuda a no llevar el estrés del mercado a otras áreas de nuestra vida, lo que es crucial para mantener un equilibrio saludable entre el trading y el bienestar personal.

Finalmente, es importante recordar que los rituales no solo nos preparan para una sesión de trading exitosa, sino que también nos ayudan a construir una mentalidad adecuada para el largo plazo. El trading no es una actividad que se domine de la noche a la mañana. Requiere disciplina, paciencia y un enfoque constante en la mejora continua. Al establecer rituales diarios, estamos creando un sistema que nos apoya en el camino hacia el éxito. Estos rituales no solo nos ayudan a mejorar nuestras habilidades técnicas, sino que también nos permiten cuidar de nuestra mente y cuerpo, lo cual es esencial para el rendimiento óptimo en cualquier campo.

En resumen, los rituales para una sesión de trading exitosa son esenciales para preparar nuestra mente, cuerpo y entorno para enfrentar el mercado con claridad y enfoque. Desde la meditación antes de comenzar, pasando por la visualización de nuestras operaciones, hasta la revisión al final del día, estos rituales nos brindan una estructura y una base sólida para operar desde un lugar de calma y confianza. Nos ayudan a mantener la disciplina, a evitar decisiones emocionales y a aprender continuamente de nuestras experiencias. Incorporar rituales en nuestra rutina diaria como traders no solo nos hará más efectivos en el mercado, sino que también nos permitirá disfrutar más del proceso y mantener un equilibrio saludable entre el trabajo y el bienestar personal.

El Trading como Camino de Crecimiento Personal

El trading es mucho más que una simple actividad financiera o una forma de ganar dinero en los mercados. Para aquellos que se adentran verdaderamente en este mundo, el trading se convierte en un camino de crecimiento personal. A través de las subidas y bajadas, las victorias y las derrotas, nos enfrentamos no solo a las fluctuaciones del mercado, sino también a nuestras propias emociones, creencias y comportamientos. Cada operación, cada sesión de mercado es una oportunidad para aprender algo nuevo sobre nosotros mismos, sobre cómo reaccionamos bajo presión, sobre nuestras fortalezas y, por supuesto, nuestras debilidades. El trading, al igual que cualquier camino de crecimiento, nos desafía a ser mejores, más conscientes y más disciplinados en todos los aspectos de nuestra vida.

Uno de los primeros desafíos que el trading nos presenta es la necesidad de aprender a manejar nuestras emociones. El miedo, la codicia, la euforia y la frustración son emociones que todo trader experimenta en algún momento. Cuando vemos una operación ir en nuestra contra, sentimos el miedo de perder dinero. Cuando ganamos, la euforia nos puede llevar a arriesgar más de lo que deberíamos en la siguiente operación. En este sentido, el trading es como un espejo que refleja nuestras emociones más profundas, y aprender a gestionarlas es una lección esencial en este camino de crecimiento personal. Al trabajar en el control emocional, no solo nos volvemos mejores traders, sino también personas más equilibradas y conscientes en nuestra vida diaria.

El trading también nos enseña sobre la importancia de la disciplina. A menudo se dice que el éxito en el trading no se basa tanto en la habilidad de predecir el mercado, sino en la capacidad de seguir una estrategia de manera constante y disciplinada. Muchos traders tienen una estrategia sólida, pero fallan al dejarse llevar por las emociones o al no seguir sus propios planes. La disciplina es lo que nos permite mantenernos fieles a nuestra estrategia, incluso cuando el mercado parece estar en nuestra contra. Este tipo de autodisciplina es una habilidad que trasciende el mundo del trading y se aplica a todas las áreas de la vida. Ya sea en nuestras relaciones personales, en nuestro trabajo o en nuestras metas a largo plazo, la disciplina es lo que nos permite seguir adelante cuando las cosas se ponen difíciles.

Otro aspecto del crecimiento personal que el trading nos ofrece es la capacidad de aprender de nuestros errores. En el trading, cometer errores es inevitable. No importa cuánta experiencia o conocimiento tengamos, siempre habrá momentos en los que tomemos decisiones equivocadas. La clave no está en evitar los errores, sino en aprender de ellos. Cada operación perdedora es una lección disfrazada, una oportunidad para analizar lo que salió mal y ajustar nuestra estrategia. Este enfoque de aprendizaje constante es fundamental no solo en el trading, sino en la vida en general. Al desarrollar la humildad para aceptar nuestros errores y la curiosidad para aprender de ellos, nos convertimos en personas más resilientes y adaptables, capaces de enfrentar cualquier desafío que se nos presente.

El trading también nos enseña sobre la paciencia. En un mundo donde muchas cosas suceden rápidamente y donde se nos enseña a buscar gratificación instantánea, el trading nos recuerda que algunas de las mejores oportunidades requieren tiempo. No todas las operaciones se darán de inmediato, y muchas veces tendremos que esperar a que el mercado se alinee con nuestra estrategia. Esta paciencia, que es crucial para el éxito en el trading, es también una lección valiosa para la vida. Aprender a esperar, a no apresurarnos y a confiar en el proceso es una habilidad que nos ayuda a manejar las incertidumbres y las complejidades que enfrentamos en nuestro día a día.

Uno de los aspectos más profundos del trading como camino de crecimiento personal es que nos lleva a conocernos mejor. Cuando estamos operando, nos enfrentamos no solo al mercado, sino también a nuestros propios miedos, deseos y expectativas. El trading nos obliga a ser honestos con nosotros mismos, a reconocer nuestras debilidades y a trabajar en ellas. Si somos impacientes, el trading lo revelará. Si somos demasiado confiados o si dudamos constantemente de nuestras decisiones, el mercado nos lo hará saber. Esta introspección forzada nos da la oportunidad de crecer como individuos, de reconocer nuestros patrones de comportamiento y de hacer los cambios necesarios para mejorar, no solo en el trading, sino en nuestra vida en general.

El trading también nos enseña sobre el desapego, una lección fundamental para el bienestar emocional. En el trading, debemos aprender a desapegarnos de los resultados individuales. Cada operación es solo una pequeña parte de un panorama mucho más amplio. Habrá operaciones ganadoras y habrá operaciones perdedoras, y ninguna de ellas define nuestro éxito a largo plazo. Este desapego no solo es crucial en el trading, sino también en la vida. Al aprender a soltar la necesidad de controlar cada resultado, nos liberamos de la presión y el estrés innecesarios. Nos volvemos más flexibles, más adaptables y más capaces de disfrutar del proceso, en lugar de estar obsesionados con el resultado final.

Un componente clave del crecimiento personal en el trading es la humildad. El mercado tiene una forma única de mantenernos humildes. No importa cuán exitosa sea una racha de operaciones, siempre habrá momentos en los que el mercado nos sorprenda o nos muestre que no tenemos todas las respuestas. Esta humildad es lo que nos mantiene en constante aprendizaje. Nos recuerda que siempre hay más por aprender, que siempre podemos mejorar y que el mercado es más grande que cualquier trader individual. La humildad es lo que nos permite seguir adelante después de una pérdida y lo que nos mantiene enfocados en el aprendizaje y el crecimiento, en lugar de dejarnos llevar por el ego.

Otro aspecto interesante del trading como camino de crecimiento personal es que nos enseña a aceptar la incertidumbre. En el mercado, nunca tenemos garantías. No importa cuán bien analicemos una situación o cuán seguros estemos de una operación, siempre existe la posibilidad de que las cosas no salgan como esperamos. Esta aceptación de la incertidumbre es una lección valiosa para la vida. Muchas veces, intentamos controlar cada aspecto de nuestra vida, buscando certezas y seguridad en un mundo que, por naturaleza, es incierto. El trading nos enseña a estar cómodos con lo desconocido, a aceptar que no siempre tendremos todas las respuestas y a confiar en nuestra capacidad para adaptarnos a cualquier situación.

Finalmente, el trading nos ofrece la oportunidad de desarrollar una mentalidad de crecimiento. En lugar de ver el éxito o el fracaso como algo fijo, el trading nos invita a adoptar la mentalidad de que siempre podemos mejorar. Cada día, cada sesión de mercado es una oportunidad para aprender algo nuevo, para refinar nuestra estrategia, para mejorar nuestra capacidad de tomar decisiones bajo presión. Esta mentalidad de crecimiento es clave no solo para el éxito en el trading, sino para cualquier aspecto de la vida. Nos permite enfrentar los desafíos con curiosidad y apertura, en lugar de con miedo o resignación. Nos enseña que, con el tiempo y el esfuerzo adecuados, siempre podemos mejorar.

En resumen, el trading es mucho más que una actividad financiera. Para aquellos que están dispuestos a sumergirse en este mundo con la mentalidad adecuada, el trading se convierte en un verdadero camino de crecimiento personal. A través de la gestión de nuestras emociones, el desarrollo de la disciplina, la aceptación de nuestros errores y la práctica de la paciencia y el desapego, el trading nos desafía a ser mejores, no solo como traders, sino como individuos. Nos enseña a conocernos a nosotros mismos en un nivel más profundo, a aceptar la incertidumbre y a adoptar una mentalidad de crecimiento. En este sentido, el verdadero éxito en el trading no se mide solo por las ganancias financieras, sino por la evolución personal que experimentamos a lo largo del camino.